Niña Pez

EDICIONES

# Des
## Leal

Niña Pez
EDICIONES

De Seta, Romina Eliana
    Desleal / Romina Eliana De Seta. - 1a ed. - Ciudad Autónoma de Buenos Aires : Niña Pez Ediciones, 2020.
    80 p. ; 21 x 15 cm.
    ISBN 978-987-8360-97-3
    1. Literatura Argentina. 2. Poesía Argentina. I. Título.
    CDD A861

Contacto de la autora: rominaelianadeseta@gmail.com
@romadeseta

Niña Pez Ediciones, Jessica Boianover
Contacto: NinaPezEdiciones@gmail.com
www.NinaPezEdiciones.com.ar
NiñaPezEdiciones
@NiñaPezEdiciones

Edición y diagramación de tapa e interiores: Jessica Boianover
Contacto: jessboia@gmail.com

Corrección: Mariana Kruk
Contacto: hastalaultimauva@gmail.com

Arte de tapa y fotografía de la autora: Laura Auffray
Contacto: laura.auffray.fotografia@gmail.com

Romina Eliana De Seta

Des
Leal

*De a poco,*
*átomos se liberan,*
*como partículas de espanto*
*que derraman la verdad*
*con cuentagotas.*
*Así se va conociendo*
*al desleal.*

# Esta maldita forma de amar

Debo irme,
envuelta en las sales de la tormenta,
debo escapar de este invierno,
de esta maldita forma de amar.

Debo partir sin rumbo
sin hogar ni destino,
debo traspasar esas colinas:
sombras del crepúsculo.

El porqué de alejarme,
"¡ya no me lo preguntes más!"
mi amor es el veneno,
la serpiente amaestrada
que espera recobrar su esencia.

Debo ceñirme al destino
que no pude encontrar,
debo hallarme
para salvarte.

Ya no puedo
ser la imagen estereotipada
de alguien más.

Debo irme
y cerraré la puerta…

para que tu recuerdo
no me siga

y para que tu mirada no me diga:
—sé que te querés quedar.

Oscura,
como la tarde
que se desvanece
en el devenir de un recuerdo gris.

Desconfiada y enferma,
absurda y enérgica,
así,
como si no te conociera…

Quemé las hojas
del árbol verde,
regué sus cenizas
bajo el tronco negro del ayer.

Inmóvil,
como esos cuadros vivos
que no respiran,
así te miro
para adivinarte,
así te espero
para que me perdones
y para poderte perdonar.

Mientras,
entre tanto dolor,
la llama incendia
viva y radiante como siempre.

El amor
escondido y maltratado,
enciende el amanecer,
otra vez.

# Tu sombra

Tu sombra,
tu escudo,
tu espacio,
un lugar atravesado por el viento.

El verano,
el mar
y las alborotadas olas que veo desde acá.

Mi poema
tus palabras; mis silencios,
tus silencios; mis palabras.

Todo,
todo
aquello
se
derriba en este
preciso momento
en el que no estás.

Podré decirte
tantas frases hechas
entre la comisura de mis labios
y el sinuoso camino
que divide el alma de la mente.

Podré pedirte
de rodillas y temblando
que te quedes…

Mi sombra,
mi escudo,
mi espacio,
este lugar atravesado por el viento.

Y tu ausencia,
que se volvió tiempo,
un tiempo incandescente
que pulveriza.

Tus labios
que lentamente desaparecen
de la faz de la tierra.

La lejanía
crea realidades paralelas
porque hasta ayer
yo era
tu boca,
tu espacio,
tu escudo…

y ahora
soy una sombra,
nada más que
tu sombra.

Gotas,
torrentes,
mares,
océanos.
Agua derramada,
frío que se cuela
por la espalda.

Todo es dolor
y pérdida,
como goteras
que esculpen
el destino de una roca.

Erosionada,
confundida,
como la costa
lejos del mar,
rendida a tus pies,
como huellas sobre la arena.

Me envuelvo en tus promesas,
me asfixio en tu silencio estrellado.

El agua herida no sana,
pero sigue su curso establecido.
Las marcas perennes la hacen viva,
como cada suelo que crece con sus caricias.

# Inasible

Inasibles son mis manos
que se posan dolorosas
sobre las tuyas.

Indecibles son las emociones
que se chocan entre los canales
derrotados de mi boca.

Insaciable es este deseo
de no sentir tanta soledad,
soledad de estar juntos
sin mirarnos,
de estar mirándonos
sin estar juntos.

Inasible es este amor
que, a veces, huye hacia el espacio,
que me engaña, manipula
y se escapa por sobre las alas de tu sombra.

Indecible es este momento
en el que la palabra se hace
gota y
       desborda.

# QUE YA NO SOY

¿Acaso podés matarme
con tu ignorancia atroz,
con tu verdad sesgada?

¿Acaso has de olvidarme
con tu memoria esquiva o
tu palabra encriptada?

He de morirme,
cada vez
que tu amor
se desangra,
cada vez
que no me mirás
como aquellas veces
me mirabas.

Destinada al olvido,
arrastro,
inútilmente,
tus recuerdos esquivos,
tus silencios oscuros
que se posan
en mi sombra.

Ya he sabido
que me nombrás,
pero no es a mí,
no soy yo.

Solo nombrás
a aquella que fui,
esa,
que
ya
no
soy.

# No soy tuya

No soy un cuerpo
inmóvil ni seco,
no soy instrumento
de tus deseos.

No soy tu manantial
ni tu desierto,
no soy responsable
de tu locura.

No soy lo que ves
ni que lo que pensás,
no soy la rosa
ni la espina.

No te atrevas
a definirme,
no te atrevas
a maltratarme.

Mi alma
se repliega
con la caricia
del viento,

soy firme y
luminosa,
como el sol que
se posa en el horizonte.

Soy mujer,
más fuerte
que tus esquirlas,
soy resistente a tu veneno.

Soy el fuego
que se autoabastece
y que quema
cada vez que lo tocás.

No te atrevas
a definirme.

Soy mía,
y nada,
absolutamente, nada
me hará de tu propiedad.

En el disturbio de mi realidad
encuentro:
desechos de esperanzas rotas,
silencios de la noche lenta…

Y el desparpajo del destino
vuelve a burlarse de mi suerte.

Me siento al piano
que ya no toco
y
veo
escalonarse
los sonidos en
la música de mi vida

la subida del mar hacia mí
y desde mí bajando
los recuerdos
veo,

sobre bemoles sostenidos
en el piano,
que ya jamás toco.

# Dos volcanes

Dos volcanes,
infiernos
que alguna vez
fueron cielo.

Ellos, que eran uno,
se chocan entre las chispas,
se niegan entre las noches grises
de neblina.

Dos,
que sumergidos
en el mar de las ideas,
olvidaron quienes eran.

Y ese amor
puro e incorruptible,
que una vez supo
dejarlos sin aliento,
hoy es una quimera,
un cielo roto
que no se puede remendar.

Fueron estrellas
titilantes,
lluvia fresca
deslizándose
por los manantiales.
Lo fueron.

Dos,
que hoy se miran
con los ojos negros,
intrigantes,
sin eclipses,
sin mares,
sin cielos ni estrellas.

Solo dos volcanes
que ya no se tocan,
sus miradas de fuego
se niegan,
se niegan.

## El cuento que se convirtió en poema

Había una vez una princesa que se enamoró de un príncipe azul,
él la rescataría y serían felices para siempre. Se miraron fijo,
las copas de los árboles, repletas de flores lilas, abrazaban su
encuentro. Sus manos se aunaron, pero…

los ojos no se correspondieron,
las manos se alejaron de repente
y él por otra mujer la abandonó.

Los árboles
de color gris,
como si al contacto con el aire
se cubrieran de cenizas,
cenizas de un amor trunco.

Sola,
desdichada,
florece la esencia que nace con el dolor.

Un espejo en la maleza,
un manantial con agua de tormenta…
saldrás ilesa,
saldrás ilesa.

Pies blancos en la tierra,
huellas que se borran al pasar,
el lodo que se adhiere a las heridas
es el mismo que se borra
al empezarse a amar.

Un vestido de princesa
que se vuelve armadura,
los pasos de guerrera
que se endurecen con la soledad…

Saldrás ilesa,
saldrás ilesa.

La vida se parece más a un poema
y la historia de la princesa
es un cuento.

Enigma

Tus ojos
refugio y desolación,
¿hogar o exilio?

Nuestros cuerpos,
aves del invierno,
¿serás mi cielo,
paraíso o infierno?

Esa es la cuestión.

El enigma nos atraviesa,
la incógnita ruda y atroz
se esparce
en las alturas,
como sonetos
inconclusos de un poema.

El vacío que derriba
la plenitud,
hace nido
en las raíces del dolor.

El enigma
nos mantiene con vida,
pero nos precipita
con la misma pasión,
como estrofas
defectuosas que no riman…
tus palabras chocan

contra
las mías,
el amor
adolece en la duda
y la desesperación.

LA NIÑA TRISTE

Otra vez
la niña está triste.

Una vez más
sus manitos tiemblan,
su pasado
la arrolla como un tren de metal.

Tantas noches,
bordadas de oscuras estrellas
que alumbraron
un destino
de asfalto negro
y lágrimas cristalinas.

Solía escaparse sola
para entender el mundo,
la música y la locura
son una forma
de sanar.

La niña triste
me mira sin comprender
lo que sucede,
me abraza
y me pregunta:
—¿ahora qué?

Evado su mirada inquisidora
y le digo:
—no sé.

Se posa sobre mi alma
la inocencia
que no he tenido,
la indiferencia
al dolor,
la tibieza que solo se logra
derribando los miedos.

Se enarbola en mi mente
gris
un perpetuo corazón,
una emoción que late
sin peros ni condicionamientos,
una razón
que se aleja
para dejarme sentir.

Anhelo de la inconsciencia,
deseo de amnesia
y resignación.

Cuando el olvido es vida
y el recuerdo tormento,
¿cómo se evoluciona
de un pensamiento hostil
hacia la libertad?

Quiero ser una bandida
una efímera y eterna historia de amor,
sin pasado ni esquirlas.

Ser una pequeña
que viva
solo para hoy.

Reverdecen los ojos mustios,
las manos vencidas
por fin aletean
sus alas blancas,
su cuerpo
se despega de la tierra.

La boca seca del barro
se libera,
profundamente,
el agua pura,
que humecta las grietas
secas, rebalsa.

Y se divisa el horizonte
oculto por la maleza,
iluminando las piedras,
se revela una imagen,
una esperanza
que parecía extinta.

El aire es perfumado
huele a dama de noche
y jazmín,
remembranza de tiempos felices
que se replican
en este febril momento.

El retorno
a la génesis del sentimiento,

el sentimiento que es la génesis
de un nuevo amanecer,
dos cuerpos oscuros
que se unen
para fundirse en el horizonte.

La mar herida

Cuando la mar está herida
se recluye
en las rocas frías
y en las profundidades
verdes.

Cuando sus brazos
de espuma
se quiebran
contra la corriente,
ella
muy decidida
se esfuma
por la cascada.

Cuando la mar está herida
se aleja del viento,
se oculta
de sus vaivenes
y misterios.

Porque la mar
herida
es una montaña
que se desvanece:
es espuma, roca,
lava,
pero nunca nunca
es agua.

Amor
pantano,
amor
hecho trizas,
amor
que fue oro,
hoy:
grises partículas.

¿Qué podés
darme
más que
dolor?

Tu mirada
se parte
ante
mis ojos
de rubí,
de fuego,
de tormenta.

Ya no hay brisa
solo tempestad.

Me quedé
porque me acostumbré a navegar
en las aguas turbias
del pantano.

Costumbre:
velo que ensombrece
toda claridad.

Un hueco
interminable
perfora
mis entrañas.

Un túnel
espeso
que no
lleva a ningún lugar.

La duda
es la agonía
de la verdad.

Y tiemblo,
sucumbo
ante tanta mentira.

Me inclino
para pedir respuestas,
pero solo podés escapar:
de mi manojo de preguntas,
de mis manos blancas y
de todo lo real.

Mi pensamiento es libre,
la esclava soy yo.

Las palabras son aves
celestes,
chipes
en una jaula
cuando atraviesan
el cuerpo.

Y no es cierto
nada de lo que dicen,
aunque
se haga realidad.

Tengo alas
sin importar lo que digan,
sin importar lo que piensen
los demás.

El viento
es una caricia
y una cachetada,
la luna es luz
y penumbra
cuando agobia
el resplandor de la verdad.

Me clavó
sus mentiras
en la cara,
lanzó
su furia
a mi pacífica
vidita amaestrada.

Lamió mis heridas
con la misma lengua
con la que lamía las demás.

Lo dejé en suspenso
volando entre las partículas
rotas de nuestra historia.
Lo miré a los ojos fijo,
le tomé fuerte la mano y
le dije:
—*nevermore*.

# Como madrigueras

Si algo nunca aprendí es a cerrar
la boca, cerrar la boca durante los
silencios voraces y en las
verdades calladas que nadie
quiere iluminar.

Si algo nunca supe es mirar
para afuera cuando lo de
adentro quema ni tapiar las
ventanas cuando
la luminosidad aterra.

Si algo nunca aprendí es a cerrar
la boca cuando nadie quiere
abrirla ni a envolver mi lengua para
no destapar quimeras.

Nunca supe ver sin mirar las enredaderas,
nunca aprendí a callarme ni a fingir ser quien
los demás quieren que sea.

Me sobran las palabras, palabras
que hacen nido, que crecen y se esparcen,
como madrigueras.
Si algo nunca pude es ser muda, sorda, ciega.

# EL RÍO Y EL VIENTO

Cuando el río habla,
trae tierra, pasto, agua,
cuando el viento sopla,
golpeando las ventanas,
trae aire, cielo, calma.

El río sabe
cuando el cauce
se bifurca,
sabe de recorridos
y montañas,
sabe de profundidad.

El viento
conoce de secretos,
se oculta,
sabe de remolinos
y de tiempo,
sabe de inmensidad.

El río y el viento
saben.

Si te hablan y
te llevan a otro lugar...

Por algo será.

# Tropiezos

Tropiezo con este viernes
y mi mente
me engaña,
otra vez.

Me atoro en mi garganta
me bebo
mi silencio
y lo escupo
como lanzas.

Soy este viernes
y también aquel,
resbalo con el ángel
y con el demonio.
Se despojan mis secretos
y vuelvo a gritar
contra el viento.

Tropiezo,
pero nunca nunca
aprendo.

El juego de
luces, que se
reflectan sobre
mis párpados,
proyectan los
fantasmas de
los que he
huido:
simulacros de
ilusiones en las
que alguna vez
creí.

El juego de espejos,
gemas de colores
sobre mis manos
grises,
alumbran los
anhelos felices que
he dormido:
espejismos de
esperanzas que
alguna vez tuve.

Las imágenes
que veo son
abismos
ciegos de
otras
imágenes

verdaderas:
alucinaciones
que se repliegan.

Los sonidos
son espasmos
de silencio,
gritan y aúllan
palabras ahogadas
que envenenan.

Separar el agua
del aceite
es natural
ya son universos
lejanos,
aun conviviendo.

Separar un cuerpo herido
del puñal
es lo esperado,
nadie quiere
morir desangrado.

Entonces,
¿por qué
cuesta tanto?

Sabemos
que el aceite
nunca se unirá
al agua,
salvo por breves
instantes.

Sabemos
que el que acuchilla
siempre
habrá de lastimarnos.

Entonces,
¿por qué
extrañamos?

¿Por qué
nos sumimos
en ese barro
de odio?

¿Por qué
amar lo lejano,
por qué
amar
el dolor?

Camino
entre los despejos
de una vida
que quiero derribar.

Impulso el viento
de mis pasos
con mis
pensamientos.

Y voy exactamente
hacia ese lugar:
donde no seré
esta persona
que ya no quiero ser.

Voy flotando
entre el cambio
y la ilusión,
soy la maquinaria
de un nuevo cosmos
que me espera.

Y sus partículas
se repliegan,
como pétalos mustios
desde la palma de mis manos
hacia el vacío existencial.

Ya no seré
quien se obliga
a despertar sonriente.
Ya no estaré
en sitios oscuros
inhabitados por mi alma.

Cuerpo y espíritu
podrán reunirse
en este universo sin fin
de palabras.

PERDIDA

Camino en
la neblina,
pero aún
sigo.

Mis pasos
son fantasmas
que se funden
con la blancura
de la nieve hecha polvo.

Y continúo
a paso lento,
con la certeza
de que este
tránsito incierto
es mi destino.

Ahora sé,
que este lugar,
este sitio cómodo
y sereno
es más nocivo
y peligroso
que andar
perdida.

Tu ausencia
de palabras
lastima las mías.

Las mías
que crecen,
como racimos
de viento
en una tormenta
helada.

Helada,
como tus silencios
que son gotas secas
de un rocío amargo.

Amargo,
como este momento
que ha anidado huecos
donde antes
había espacios.

De este lado yo,
del otro vos.

En esta orilla la arena es lisa,
en aquel sitio la piedra
ruge la planta de los pies.

En el centro hay espinas,
millones de agujas que nos
mantienen en veredas opuestas.

Aunque yo quiera el rugir de la piedra
y aunque, tal vez, vos quieras sentir
la suavidad de la arena.

Millones de espinas nos

                alejan.

# MARIONETA



La mente
agoniza
entre los vientos
de cambio
que se arriman,
pero que me esquivan
al pasar.

Se resiste
mi atmósfera
para abandonar
el dolor,
como quien abraza
la soledad
antes que un amor nuevo.

Muta mi cuerpo,
mis manos, mi casa y
todo a mi alrededor,
pero ¿cambio realmente yo?

Mis ojos se agrietan
entre lágrimas
metálicas
que transpiran deseos
inconclusos.

Soy la marioneta
de una mujer
que implora,

pero que aún no nace.
Soy la grieta
de este destino
que se acurruca
y se hace un nido
aprisionado
entre paredes inquebrantables.

Tan inquebrantables
como el deseo de cambio
que se me arrima
y que toca mi puerta
esperando solo
el impulso de
mi valentía.

# MIL PEDAZOS



¿Qué es el destino:
una enorme
promesa
de la que nunca
podremos escapar?

¿Cuál es el camino
que se desdibuja
a cada paso
bajo la huella
de nuestros pies
perdidos?

¿Cómo encontrar
ese sitio
que se construye
a nuestras espaldas,

arrastrándonos
sin permiso
a donde debemos estar?

¿Y dónde se halla,
a dónde se aloja
la decisión
que parte en mil pedazos
lo que debía ser
de lo que será?

¿Alguna vez sentiste
que tu vida entera
se desintegraba
al encuentro con la verdad?

¿Alguna vez te quedaste solo,
tan solo que no distinguías la sombra
de tu cuerpo
entre la penumbra?

¿Alguna vez te rompieron tanto
que no encontrabas
tus piezas desmembradas
para volver a armarte?

¿Alguna vez te arrancaron
el alma con un secreto,
ese que no te permite
volver a amar?

Tengo miedo
de mi naturaleza
de ave.

Le temo
a mi poesía
y a lo que pueda
contarme.

Temor de desaparecer
en otro y no poderme hallar,
temor de no ser yo
y vivir engañándome.

Le temo
a la sonrisa
que se hace
piel en mi carne.

Miedo al
deshonesto y
a la verdad lacerante.

Le temo
a mi poesía
y a mi naturaleza de ave,
porque
estoy quieta
y de mis poemas
las plumas se
ca
en.

MNEMÓNICOS

Evocar,
sumirse en mares
de miedo y oscuridad.

Huir de este espacio
en el que navego:
arenas movedizas
repletas de ruido
y ausencia.

La mente:
mundo inhabitado
para las emociones.

Me muevo
en círculos,
como mnemónicos
que me remiten siempre
al mismo lugar.

Evocar,
destruir mi presente,
coronar mis derrotas.

El recuerdo es el anclaje del alma,
el alma: vehículo de esta memoria hostil
que no se apaga.

Como piedra
sin alma,
arrastro, inútilmente,
mis pasos de concreto
sobre las brasas.

Quema la locura,
el pensamiento:
una daga
y el quebranto
de mis días
que se posa
inerte en el espejo
sin retorno
a mi vida real.

¿Qué será de esta
chiquilla sin rumbo
que huye de la verdad?

Cuando cae la tarde
y los suspiros del día
se van evaporando
en la neblina de los sueños.

Todo se vuelve oscuro y confuso,
mi alma cristalina
se torna de un tinte gris.

Sabemos que la vida
trae amores y desencuentros,
dolores que se hacen piel y escamas.

¿Sufrir es parte del juego
macabro de la felicidad?
¿Qué se divisa en las ventanas cerradas,
qué se advierte cuando la oscuridad atrapa?

¿Son escarchas filosas los pensamientos?,
¿es un ancla incrustada la verdad?

Cae la tarde
y ya no sé lo que quiero:
seguir deambulando desnuda
o cubrirme del frío viento
y de esta tempestad.

Quebrados
como
        la maleza
que aún respira,
pero
que
no reverdece.

Rotura
de un amor
perdido
que
se escapó
            por la tangente.

Quebra
dos
y embebidos
en esa mentira
que precipita en muerte
len
ta.

La maleza
que
se acerca,
como
en
re
da
de

ras
de
tallos
grises.

Asfixiadas de palabras,
nos abrazan
sus filamentos,
pulverizando las
flores
que no han sido,
que no serán.


Enredados
en la maleza,
que rota
y mustia
nos atrapa

sin dejar que nos
alejemos,
sin dejarnos

acercar.

Qué bueno sería borrarte,
no a tu nombre, no a tus manos.

Borrar al necio, borrar al navegante,
simular amnesia de esos viajes.

Qué bueno sería borrarte,
reprogramar tus circuitos
cambiar ese traje.

Y borrarme esta memoria de sangre,
este ruido de ausencias infames.

Borrarme las evocaciones dolorosas
y esos tiempos de enjambres.

La carcasa
de un sentimiento.

El amor que se puso viejo
y desconfiado,
y esa puta desilusión.

¿Quién verdaderamente
duerme a mi lado,
quién abraza la carcasa
de mi alma?

¿Un bosquejo
de mi representación mental,
una mentira
que se parece tanto a la verdad?

¿Quién exactamente
te besa,
quién te dice palabras
huecas?

¿El que existe
o el que te creaste,
como una carcasa frágil
que se parte,
con cada revelación?

# Agujero



Mentira,
la falsedad de tu sombra
que muestra radiante
lo que es negro.

Mentira,
tu mirada de odio
que se disfraza de
eterno amor.

Mentirosa
la brisa
que recorre
tu cuerpo.

Miente
tu mano que rosa
mientras
empuña las palabras.

Mentirosa
tu boca
de cloacas
y alcantarillas.

Miente
tu mirada vacía:
agujero
de decepción
que destruye
todo lo que toca.

## Un terreno sin árboles

Ya sos parte de mi pasado,
un pasado de desesperación y
un presente que se abre
hacia el futuro que me espera.

Ya sos parte de un mundo
inhabilitado,
unas cuantas pesadillas
oxidadas que aún
me atormentan.

¿Cómo pudiste llamarle amor
a todo ese odio que sembraste?
¿Cómo pudiste llamarme tuya
y flagelarme sin culpas,
solo por diversión?

Ya sos parte de un tiempo
que no me enorgullece,
un tiempo que aborrezco
porque yo era invisible
para tu boca.

Ya sos parte de un recuerdo
enajenado,
una mancha de veneno
en mi sangre
que agrieta mis venas.

Porque todo lo que hice,
estuvo teñido del dolor
que dejaste.

Ya sos parte de mi pasado
y te quiero ahí,
bien lejos,
en un terreno sin árboles
ni brisa,
un espacio de la mente
que solo espera
su destierro.

DES

LEAL

Su arma
es la boca,
la palabra que se esparce,
primero,
como imágenes suaves
de un cosmos azulado.

Luego,
contaminando,
como manchas
negras sobre las rosas,
toma todo aquello
que nunca ha entregado:
dignidad, respeto.

Su vida
no tiene solo un lado,
es alba y azabache
brillante y oscura
penetrante y mortal,
como todo lo que duele
al amar,
como todo amor
que duele
y es desleal.

No sabe
que el odio
que me ha dado,
lo he convertido en flores,

jazmines que anidan
en el alma y se expanden
en oasis de liberación.

Una vez
que se mira de frente al diablo
no queda nada más que temer,
ya no arden infiernos
en una mirada de frío.

La
mirada
confundida que
de pronto ensombrece, la realidad
explota, como erupciones volcánicas que
luego se esparcen por todo el cuerpo y la mente
ya no se puede ver como antes, ya no se pueden nublar
unos ojos despiertos… por extenuantes, las palabras dichas se
desangran en mentiras, que habían sido la verdad, en instantes reales
que habían sido una mentira: armada, construida y destruida la confianza
se acurruca en un recuerdo que es un espejismo, espejitos de colores, purpurina
sobre blanco, que en verdad son partículas de carbón sobre lo negro que
perpetuaron una esperanza inútil.

Fisura

Por la fisura
se filtran
diferentes cosas:
ideas que no se quedan quietas,
silencios duros que se hacen
hielo y se vuelven de roca.

Por esa pequeña,
pero significativa grieta,
las ventanas del recuerdo
permanecen abiertas siempre,
las rendijas del futuro
se proyectan,
como mantras de liberación.

Por la piel del poeta
la fisura se hace tierra,
que absorbe todo aquello
que anda vagando sin dueño.

El alma
es una manta de secretos,
que arropa con palabras
todo lo que no se puede subsanar.

La fisura
es como el rabillo de la cerradura
solo espiando podrás
saber que hay detrás.

Injusta

Injusta la vida
que deshace lo
que no debería terminar,
lo que nació
para ser perpetuo.

Injusto el destino
que une lo que jamás
debió ser uno,
una historia que nació para
pudrirse en el infierno.

Injusta la palabra
que abraza y asfixia
al mismo tiempo.
Injusto el secreto
que instala la confusión.

Y las manitos tiemblan
y el corazón se absorbe
como cápsulas de viento
en un ocaso.

Injusto es haber amado
lo que debí odiar,
haber odiado
lo que amé,
solo por perderme
en unos ojos negros
de un cuerpo sin alma.

# Demasiado

Soy demasiado
terremoto
en un desierto de viento.

Demasiado
   margen
para un río seco.

Soy demasiado
GRITO en un mundo ciego.

Demasiado espanto
en un cosmos
sin alma,
repleto de decepción.

Desparramé
en un puente
todas las frases
autodestructivas
que tenía.

Arrojé
en el río muerto
aquellos momentos negros
que regresaban
para atormentarme.

Puse
mis manos abatidas
en un remanso para descansar.
Derretí
mis lágrimas
blancas en el viento
para secarlas al albor de este espacio solitario.

Coloqué
mis preguntas sin respuesta
en un barco de papel,
para que navegaran en la tormenta seca.

Y dejé
de buscar
la alegría
en aquellas
cosas que perdí.

Dejé de esperar,
me calcé mis botas de batalla
y me dispuse a crear mi felicidad.

Una vive duelos cotidianos:
la mirada que ya no mira con amor,
el bebé que se hace niño,
el niño que se hace hombre.

Una debe resistir los embates
del tiempo,
que nos obliga a despedir
todo aquello que nos importa.

Duelos
que se abren como abanicos
y abismos.

Duelos de espacios,
personas y sueños,
duelos de momentos
y de lugares
que no regresarán.

La vida es una despedida
constante,
una bienvenida y
un renunciar.

Me arrastro
como la oruga
anhelando viento.

Mi cuerpo de seda
se ondula
aguardando libertad.

Ya repté
por los caminos empedrados,
ya me hice heridas
que se hicieron callos.

Ya bebí
mi sangre,
maldije mis días
de gusano.

Añoré en el suelo
todo aquello
que aquí
veo tan lejano.

Mi cuerpo se parte,
todo él se rompe
para dejar de ser
y para empezar a ser.

Mis alas atraviesan el cielo
que me cubre,

el suelo ahora está lejos,
muy lejos

de mis pies.

No necesito flores
de cartón ni palabras
mediocres que se evaporen
al contacto con el aire.

No necesito sueños
de niña frágil
ni absurdas historias
sobre hadas y héroes.

Yo necesito
un hombre
que me abrace
con la verdad.

Que deje que
me cuide sola cuando puedo,
que me cuide
cuando se lo pida.
No necesito magia
ni un cuento bien descripto
sobre lo que es
el amor.

Las palabras son vacías,
como el silencio,
cuando la trampa
del miedo las vuelve invisibles.

Para ser,
verdaderamente,
amada
solo necesito
un ser que ame
lo que soy
sin invasión
ni colonizaciones,
sin falsedad ni dolor.

Un amor así
espero
desde este pequeño gran
resquicio de luz
que es mi vida.

Que aprendió
a brillar a solas
sin necesidad de que
nadie la ilumine,
sin que nadie
más que yo
la reviva.

A mis hijos, Federico y Thiago, que son la luz de mis ojos y el faro de mi vida.

Para Enrique y Mary, mis padres, que me enseñaron el valor de la palabra, la fuerza indestructible de la verdad.

Para mis hermanas Lorena y Anabel y mi prima hermana Carla, quienes acompañaron mis sueños siempre. A mis sobrinos: Sofía, Tomás, Tiara y Tiziano y a mi ahijada Vicky, los amo con el alma. A Stella y Gustavo, gracias por estar para mis hijos y ser tan buenos tíos.

A mis abuelos Licia, Francisco, Victorio y Esther, que forjaron las bases de mi presente y confiaron tanto en mí. A mis tías Lili, Mini, Moni, Adri y mi tío Sergio por acompañarme y apuntalarme en la vida. A mis primos Diego, Nati, Vale y Dani por la diversión y los momentos hermosos vividos.

A todos mis amigos y amigas del alma, que son mis mejores lectores. A Carla Abdala Rago por insistirme y guiarme profesionalmente para entrar en el mundo de las redes sociales. A Laura Auffray por su generosidad y su gran trabajo fotográfico.

Finalmente, a Sergia Buri, mi tía abuela, a quien le debo este don de la poesía, tu voz es la mía.

Niña Pez
EDICIONES

Este libro se terminó de imprimir en octubre de 2020,
en Buenos Aires, Argentina.